Impressum
Verlag: BABADADA GmbH, Nedderfeld 112 , 22529 Hamburg
Geschäftsführer / Verlagsleitung: Harald Hof
Druck: Books on Demand GmbH, In de Tarpen 42, 22848 Norderstedt

Imprint
Publisher: BABADADA GmbH, Nedderfeld 112 , 22529 Hamburg, Germany
Managing Director / Publishing direction: Harald Hof
Print: Books on Demand GmbH, In de Tarpen 42, 22848 Norderstedt

مکتب

學校

صنف درسی
教室
تقسیم کردن
除
186/2
تخته
黑板
معلم
老師
کاغذ
紙
نوشتن
書寫
خودکار
筆
میز کار
辦公桌
خط کش
直尺
کتاب
書
شاگرد
學生

بیگ مکتب

書包

قلم دانی

鉛筆盒

پنسل

鉛筆

پنسل تراش

削鉛筆機

پنسل پاک

橡皮擦

کتابچه رسم

畫板

نقاشی
圖畫

برس رنگ زنی
畫筆

بکسک رنگه
顏料盒

قیچی
剪刀

سریش
膠水

کتاب تمرین
練習冊

کار خانگی
家庭作業

12

عدد
數字

2+2

جمع کردن
加

تفریق کردن
減

2×2

ضرب کردن
乘

حساب کردن
計算

A

حرف
字母

ABCDEFG
HIJKLMN
OPQRSTU
VWXYZ

الفبا
字母表

hello

کلمه
字

متن

課文

خواندن

讀

تباشیر

粉筆

درس

上課

ثبت نام

登記

امتحان

考試

تصدیقنامه

證書

یونیفورم مکتب

校服

تحصیل

教育

دانشنامه

百科全書

پوهنتون

大學

مایکروسکوپ

顯微鏡

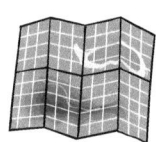

نقشه

地圖

سبد کاغذ باطله

廢紙簍

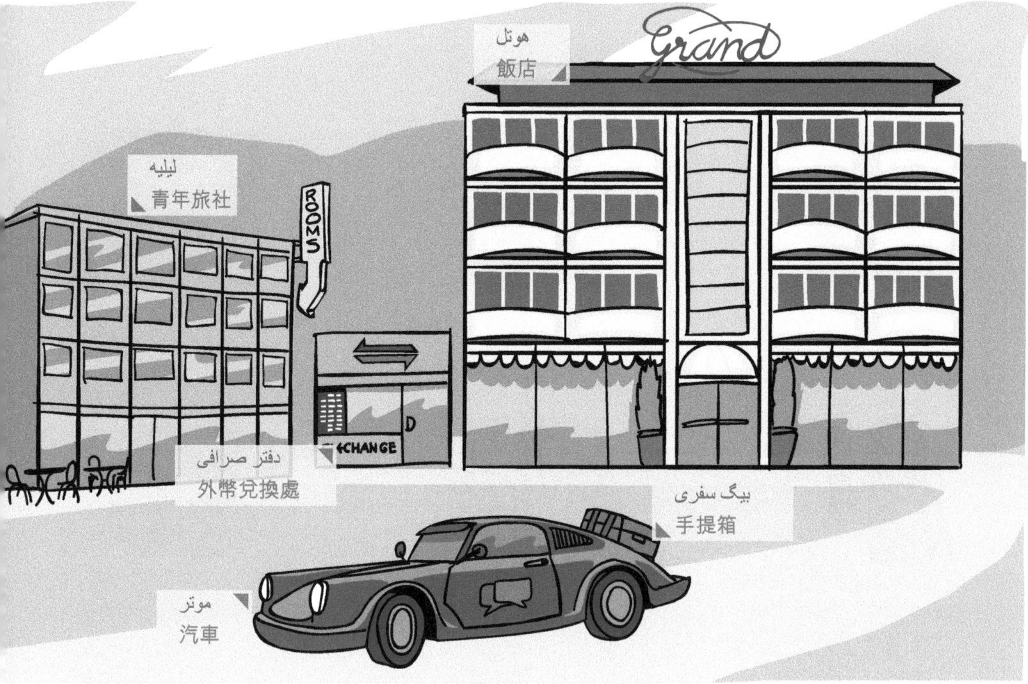
هوتل
飯店
Grand
لیلیه
青年旅社
ROOMS
دفتر صرافی
外幣兌換處
بیگ سفری
手提箱
موتر
汽車

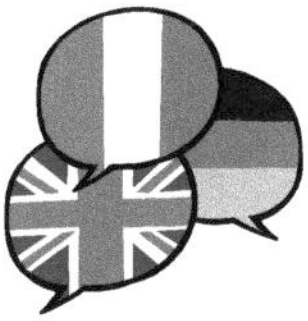

زبان
語言

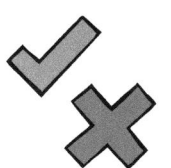

بلی / نخیر
是/否

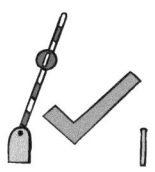

بسیار خوب
好的

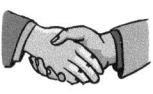

سلام
您好

مترجم
翻譯人員

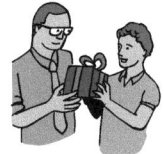

تشکر از شما
謝謝

قیمتش چقدر است؟

......多少錢？

نمی فهمم

我不明白

مشکل

問題

عصر بخیر! / شب بخیر!

晚上好！

صبح بخیر!

早上好！

شب بخیر!

晚安！

خداحافظ

再見

مسیر

方向

بار مسافر

行李

بیگ

包

بیگ پشتکی

背包

مهمان

客人

اطاق

房間

بستره خواب سیار

睡袋

خیمه

帳篷

معلومات توریستی
旅行資訊

ساحل
海灘

کریدیت کارت
信用卡

صبحانه
早餐

طعام چاشت
午餐

غذای شام
晚餐

تکت
票

لفت
電梯

مهر
郵票

مرز
邊界

گمرک
海關

سفارتخانه
大使館

ویزه
簽證

پاسپورت
護照

حمل و نقل
交通運送

طیاره
飛機
کشتی
船
موتر اطفاییه
消防車
لاری
卡車
بس
公車
قایق موتوری
汽艇
بایسکل
腳踏車
موتر
汽車

کشتی

渡輪

قایق

小船

موترسایکل

機車

موتر پولیس

警車

موتر مسابقه

賽車

موتر کرایی

租車

اشتراک وسایط

拼車

جرثقیل

拖車

موتر حمل زباله

垃圾車

موتور

馬達

تیل

汽油

تانک تیل

加油站

علامت ترافیکی

交通標識

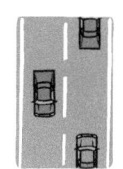

عبور و مرور

交通

راهبندان

交通堵塞

پارک وسایط

停車場

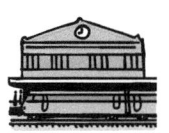

ایستگاه ریل

火車站

خط ریل

軌道

ریل

火車

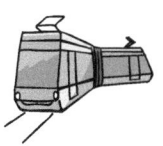

ریل برقی

路面電車

واگن

客車廂

هلیکوپتر

直升機

میدان هوایی

機場

برج

塔

مسافر

乘客

کانتینر

集裝箱

کارتن

紙板箱

گادی

手推車

سبد

籃子

پرواز کردن / فرود آمدن

起飛/降落

شهر

城市

قریه

村莊

تیاتر شهر

市中心

خانه

房子

CINEMA

سینما / 電影院

اعلان / 廣告

چراغ سرک / 路燈

سرک / 街道

تکسی / 計程車

فروشگاه اسنک / 小吃店

عابر پیاده / 行人

پیاده رو / 人行道

خطوط عابر پیاده / 斑馬線

سطل آشغال / 垃圾箱

چهار راهی / 十字路口

چراغ راهنمایی / 紅綠燈

کلبه

小屋

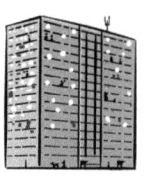

آپارتمان

公寓

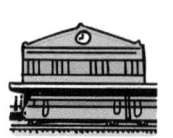

ایستگاه ریل

火車站

تالار شهر

市政廳

موزیم

博物館

مکتب

學校

پوهنتون

大學

بانک

銀行

شفاخانه

醫院

هوتل

飯店

دواخانه

藥房

دفتر

辦公室

کتابفروشی

書店

مغازه

商店

گل فروشی

花店

سوپر مارکیت

超市

فروشگاه

市場

فروشگاه

百貨商店

ماهی فروشی

魚店

مرکز خرید

購物中心

بندر

海港

شهر - 城市

پارک
公園

دراز چوکی
長凳

پل
橋

زینه ها
樓梯

مترو
捷運

تونل
隧道

ایستگاه بس
公車站

میخانه
酒吧

رستورانت
餐館

صندوق پست
郵筒

علامت سرک
路標

ماشین پارکو متر
停車計時器

باغ وحش
動物園

حوض آببازی
游泳池

مسجد
清真寺

مزرعه

農場

آلوده گی

污染

قبرستان

墓地

کلیسا

教堂

میدان بازی

操場

معبد

寺廟

چشم انداز

地形

برگ
樹葉
لوحه
指示牌
راه
路
علفزار
سنگ
石頭
کوهنورد
徒步旅行者
درخت
樹
دریا
河
علف
草
گل
花

دره

峽谷

تپه

丘陵

دریاچه

湖

جنگل

森林

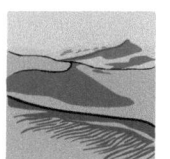

صحرا

沙漠

آتشفشان

火山

قلعه

城堡

رنگین کمان

彩虹

سمارق

蘑菇

درخت آلو

棕櫚樹

پشه

蚊子

مگس

蒼蠅

مورچه

螞蟻

زنبور

蜜蜂

عنکبوت

蜘蛛

قانغوزک

甲蟲

بقه

青蛙

موش خرما

松鼠

خارپشت

刺蝟

خرگوش صحرایی

野兔

بوم

貓頭鷹

پرنده

鳥

مرغابی

天鵝

خوک وحشی

野豬

گوزن

鹿

گوزن شمالی

麋鹿

بند آب

水壩

توربین بادی

風力發電機

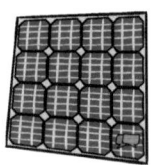

صفحه خورشیدی

太陽能電池板

آب و هوا

氣候

رستورانت

餐館

پیشخدمت
服務生
مینوی غذا
菜譜
چوکی
椅子
سوپ
湯
披薩餅
قاشق و پنجه و کارد
روی میزی
桌布

پیش غذا

前菜

غذای اصلی

主菜

شرینی

甜點

نوشیدنی ها

飲料

غذا

食物

بوتل

瓶子

فاست فود

速食

غذای کنار سرک

街邊小吃

چاینک/ترموز

茶壺

قندانی

糖盒

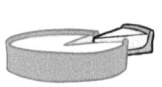

بخش غذا

一份飯菜

دستگاه اسپرسو

義式咖啡機

چوکی بلند

高腳椅

بل

帳單

پطنوس

托盤

چاقو

刀

پنجه

餐叉

قاشق

勺子

قاشق چای خوری

茶匙

دستپاک دسترخوان یا میز

餐巾

گیلاس

玻璃杯

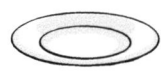

بشقاب

碟子

بشقاب سوپ

湯盤

نعلبکی

碟子

چتنی

醬

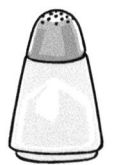

نمکدان

鹽瓶

آسیاب مرچ

胡椒研磨罐

سرکه

醋

روغن خوراکی

食用油

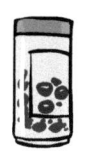

ادویه

調味料

کچاپ

番茄醬

ساس خردل

芥末

مایونز

美乃滋

سوپر مارکیت

超市

پیشنهاد خاص
特價
مشتری
顧客
لبنیات
乳製品
میوه
水果
چرخ دستی
購物車

قصابی

肉鋪

نانوایی

麵包店

وزن کردن

稱重

سبزیجات

蔬菜

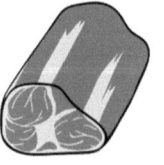

گوشت

肉

غذای منجمد

冷凍食品

غذای سرد

冷盤

غذای کنسر شده

罐頭食品

پودر رختشویی

洗衣粉

شیرینی

甜食

لوازم خانگی

日用品

محصولات پاک کننده

清潔用品

فروشنده

銷售員

دخل پیسه

收銀機

صندوقدار

收銀員

لست خرید

購物清單

ساعات کاری

開放時間

بکسک جیبی

錢包

کریدیت کارت

信用卡

بیگ

袋子

بیگ پلاستیکی

塑膠袋

نوشیدنی ها
飲料

آب

水

جوس

果汁

شیر

牛奶

نوشابه

可樂

شراب

紅酒

بیر

啤酒

الکول

酒

ککو

可可

چای

茶

قهوه

咖啡

اسپرسو

義式濃縮咖啡

کاپوچینو

卡布奇諾

کیله

香蕉

سیب

蘋果

مالته

柳丁

تربوز

西瓜

لیمو

檸檬

زردگ

胡蘿蔔

سیر

大蒜

چوب خیزران

竹子

پیاز

洋蔥

سمارق

蘑菇

مغزیات

堅果

آش

麵條

مکرونی

義大利麵

برنج

米飯

سلاد

沙拉

چیپس

薯條

کچالو سرخ کرده

炸馬鈴薯

پیتزا

披薩餅

همبرگر

漢堡

ساندویچ

三明治

کتلت

炸豬排

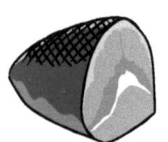

همبرگر

火腿

سالامی

義大利臘腸

ساسچ

香腸

مرغ

雞肉

کباب

烤肉

ماهی

魚

فرنی جو

燕麥片

صبحانه رژیمی

木斯里

کورن فلکس

玉米片

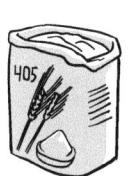

آرد

麵粉

کروسانت

牛角麵包

قرص نان

麵包捲

نان خشک

麵包

توست / نان بریان

吐司

بیسکیت

餅乾

مسکه

奶油

چکه

凝乳

کیک

蛋糕

تخم مرغ

蛋

تخم مرغ سرخ شده

煎蛋

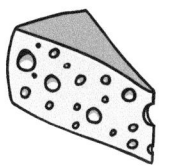

پنیر

起司

آیسکریم

冰淇淋

شکر

糖

عسل

蜂蜜

مربا

果醬

مسکه چاکلیت

巧克力醬

زردچوبه هندی

咖哩

مزرعه

農場

گودام غله
糧倉
خرمن گاه
稻草捆
زمین زراعتی
田野
اسب
馬
تریلر
拖車
تراکتور
拖拉機
کره اسب
馬駒
خر
驢
گوسفند
羊
بره
羔羊

بز

山羊

گاو

奶牛

گوساله

小牛

خوک

豬

خوکچه

小豬

گاو نر

公牛

قاز

鵝

مرغابی

鴨

چوچه مرغ

小雞

مرغ

母雞

خروس

公雞

موش صحرایی

鼠

پیشک

貓

موش

老鼠

گاومیش

牛

سگ

狗

خانه سگ

狗屋

خانه باغ

花園澆水軟管

آبپاش

澆水壺

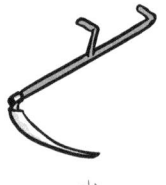

داس

長柄大鐮刀

قولبه کردن

犁

داس

鐮刀

کج بیل

鋤頭

چنگال باغبانی

長柄草耙

تبر

斧頭

کراچی

獨輪手推車

تغار

飼料槽

قوطی شیر

牛奶罐

بوجی

麻布袋

دیوار مرزی از چوب یا سیم خار دار

柵欄

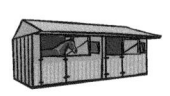

پایدار

馬廄

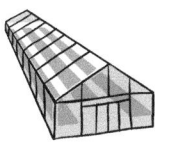

گلخانه

溫室

خاک

土壤

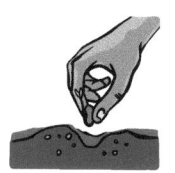

تخم

種子

کود

肥料

ماشین درو وخرمنکوبی

聯合收割機

درو کردن

收割

درو

收割

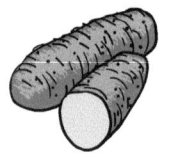

کچالو شرین

地瓜

گندم

小麥

سویا

大豆

کچالو

土豆

جواری

玉米

کلزا

油菜籽

درخت میوه

果樹

مانیوک

樹薯

غلات و حبوبات

穀物

خانه

房子

دودکش
煙囪
پشت بام
屋頂
آب رو
落水管
کلکین
窗戶
گراج
車庫
زنگ دروازه
門鈴
دروازه
門
سطل زباله
垃圾桶
صندوق نامه
信箱
باغچه
花園

اطاق نشیمن

客廳

حمام / دستشویی

浴室

آشپزخانه

廚房

اطاق خواب

臥室

اطاق اطفال

兒童房

اطاق پذیرایی

餐廳

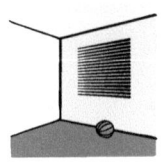

کف زمین

地板

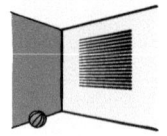

دیوار

牆壁

سقف

天花板

گودام زیر زمینی

地窖

سونا

三溫暖

بالکن

陽臺

برنده / بالکن

露臺

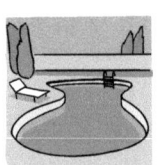

حوض

游泳池

ماشین درو کردن چمن

割草機

ورق کاغذ

被單

روجایی

床罩

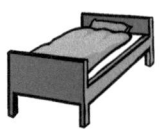

تختخواب

床

جارو

掃帚

سطل

水桶

سویچ

開關

اطاق نشیمن

客廳

کاغذ دیواری
壁紙
تصویر
相片
چراغ
檯燈
قفسه
擱架
کابینت
櫥櫃
تلویزیون
電視
بخاری دیواری
壁爐
گل
花
بالشت
墊子
کوچ
沙發
گلدان
花瓶
ریموت کنترول
遙控器

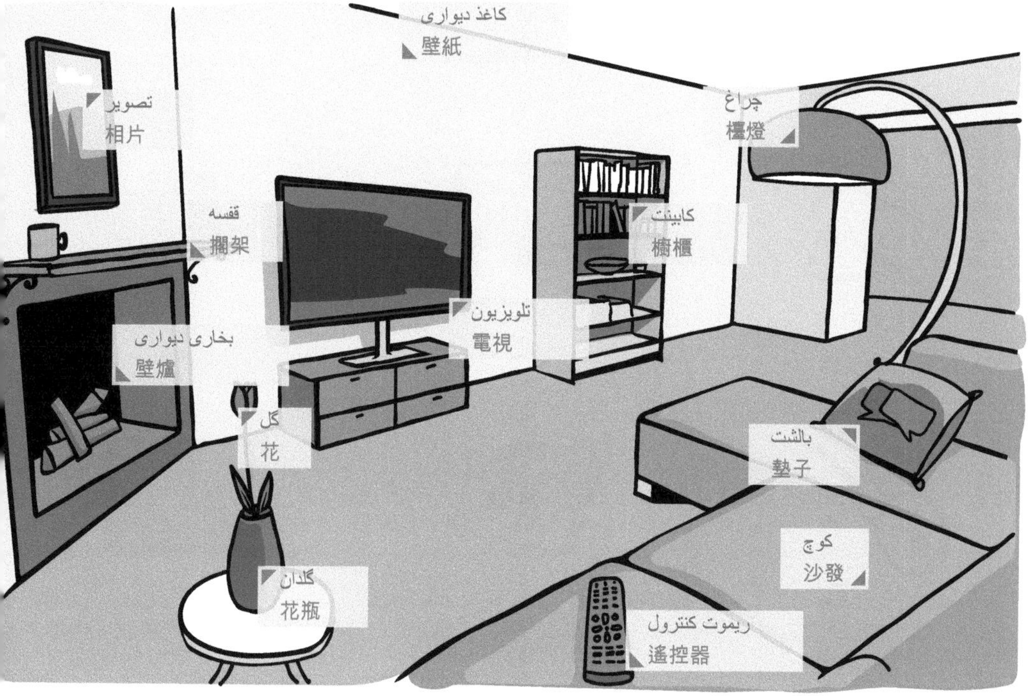

فرش

地毯

پرده

窗簾

میز

餐桌

چوکی

椅子

چوکی گهواره یی

搖椅

چوکی دسته دار

扶手椅

كتاب
書

كمپل
毯子

دكوراسيون
裝飾品

هيزم
木柴

فلم
電影

سيستم هاى فاى
高傳真音響

كليد
鑰匙

روزنامه
報紙

تابلوى نقاشى
油畫

پوستر
海報

راديو
收音機

دفتر
筆記本

جاروبرقى
吸塵器

كاكتوس
仙人掌

شمع
蠟燭

آشپزخانه
廚房

یخچال
冰箱
منقل مایکروویو
微波爐
تستر
烤麵包機
مواد شوینده
洗潔精
داش
烤箱
یخ دانی
冰櫃
سطل زباله
垃圾桶
ظرفشویی
洗碗機

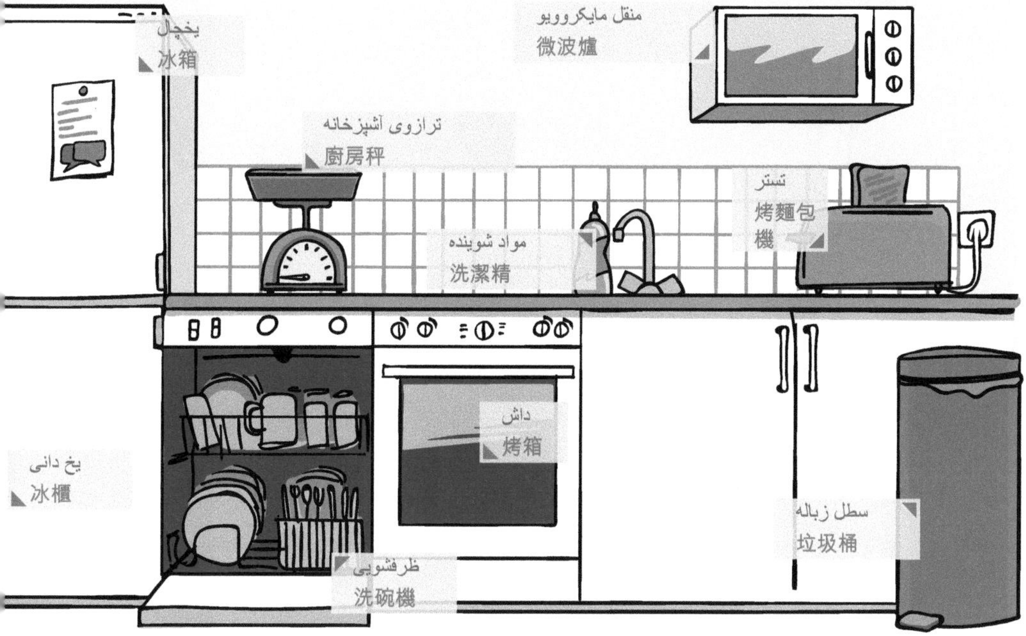

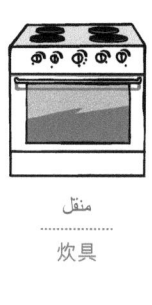

منقل

炊具

دیگ

鍋

دیگ چدنی

鑄鐵鍋

کراهی

炒鍋

تابه

平底鍋

چای جوش

水壺

بخارپز

蒸鍋

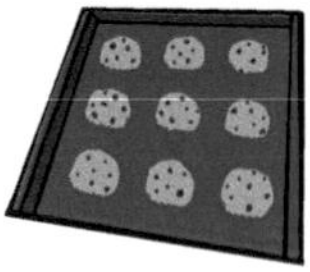

پطنوس طباخی

烤盤

ظروف

陶瓷鍋

پیاله کلان

馬克杯

کاسه

碗

چاپستیک ها

筷子

ملاقه

長柄勺

کفگیر

鏟子

مخلوط کننده

攪拌器

چلو صاف

濾網

غلبیل

篩子

رنده

磨碎機

هاونگ

研缽

بار بیکیو

燒烤

آتش باز

明火

تخته برش

菜板

آشگز

擀麵杖

سر بازکن

開瓶器

قوطی

罐子

سر باز کن

開罐器

دستگیره تکه ای

隔熱手套

ظرف شویی

水槽

برس ظرف شویی

刷子

اسفنج

海綿

مخلوط کن

攪拌機

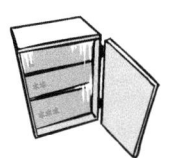

فریزر

冷藏箱

شیر چوشک اطفال

奶瓶

نل آب

水龍頭

浴室

گرم کننده
供暖裝置

شاور
淋浴

جان پاک
毛巾

پرده حمام
浴簾

حمام کف
泡沫浴

تب حمام
浴缸

گیلاس
玻璃杯

ماشین لباسشویی
洗衣機

کاشی
瓷磚

نل آب
水龍頭

پات اطفال
便壺

ظرف شویی
水槽

تشناب
廁所

کمود فرشی
蹲便器

کمود
坐浴器

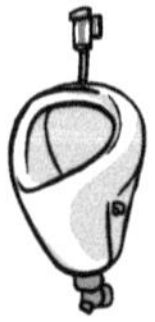

تشناب مرد ها
小便斗

کاغذ تشناب
廁紙

برس کمود
馬桶刷

برس دندان

牙刷

کریم دندان

牙膏

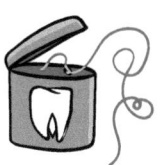

نخ دندان

牙線

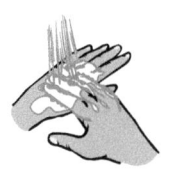

شستن

洗

شاور دستی

手持式蓮蓬頭

شاور کمود

沖洗器

دستشویی

洗臉盆

برس پشت

洗背刷

صابون

肥皂

جل حمام

沐浴露

شامپو

洗髮乳

لیف

法蘭絨

آب رو

排水

کریم

乳霜

بوزدا

除臭劑

آینه
鏡子

آینه دستی
手鏡

ریش تراش
刮鬍刀

کف ریش تراشی
刮鬍泡沫

کلونیا
鬚後水

شانه موی
梳子

برس
刷子

سشوار
吹風機

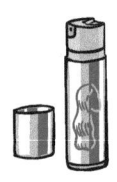

اسپری مو
噴髮定型劑

آرایش
化妝品

لب سرین
唇膏

رنگ ناخن
指甲油

پشم پنبه
化妝棉

ناخن گیر
指甲剪

عطر
香水

کیسه شستشو

洗漱包

چوکی چار پایه

凳子

ترازوی وزن

計重秤

جان پاک

浴袍

دستکش پلاستیکی

橡膠手套

تامپون

衛生棉條

کوتکس

衛生棉

تشناب سیار

化學廁所

اطاق اطفال
兒童房

ساعت زنگ دار
鬧鐘
گدی های نرم
毛絨玩具
موتر سامان بازی
玩具車
جرنگانه
撥浪鼓
خانه گدی
玩具屋
هدیه
禮物

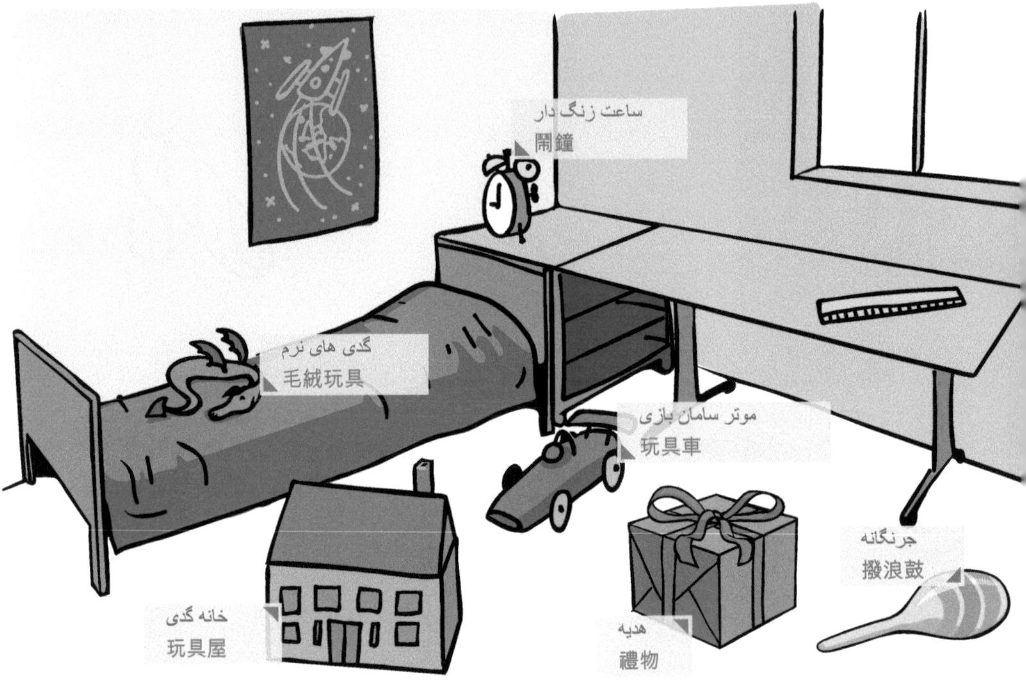

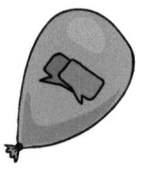

پوقانه
....
氣球

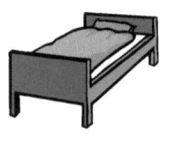

تختخواب
....
床

ریکشه اطفال
....
嬰兒車

قطعه بازی
....
撲克牌

پازل
....
拼圖

خنده آور
....
漫畫

خشت های لگو

樂高積木

بلوک های سامان بازی

積木玩具

پچه فلم

公仔

لباس طفل

嬰兒服

فریزبی

飛盤

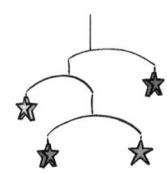

سامان بازی که روی تخت خواب اطفال
اویزان می شود

床鈴玩具

بازی تخته یی

棋盤遊戲

تاس

骰子

ریل اسباب بازی

火車模型

چوشک

安撫奶嘴

مهمانی

派對

کتاب تصویری

繪本

توپ

球

گدیگک

洋娃娃

بازی کردن

玩

جعبه ریگ

沙坑

گاز

鞦韆

اسباب بازی

玩具

کنسول بازی کمپیوتری

電玩遊戲

سه چرخه

三輪車

خرس سامان بازی

泰迪熊

الماری لباس

衣櫃

لباس

衣服

جوراب

襪子

جوراب دراز

長襪

برجس

緊身褲

چادر سر
圍巾

چتری
雨傘

بلوز
T恤

کمربند
皮帶

بوت
靴子

چپلک
拖鞋

کرمچ
運動鞋

چپلی
涼鞋

بوت
鞋

موزه پلاستیکی
雨靴

نیکر
內褲

واسکت زنانه
胸罩

واسکت
背心

بدن
身體

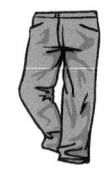

برزو
褲子

پتلون کاوبای
牛仔褲

دامن
短裙

بلوز
女式襯衫

پیراهن
襯衫

یالان
套頭衫

جاکت کلاه دار
連帽上衣

جاکت
西裝夾克

چمپر
夾克

کورتی
外套

کوت بارانی
雨衣

لباس مخصوص مراسم
套裝

پیراهن
連衣裙

لباس عروسی
婚紗

دريشی

西裝

لباس خواب

睡袍

پاجامه

睡衣

ساری

莎麗

چادر سر

頭巾

لنگی

包頭巾

چادری

波卡

كفتان

卡夫坦

چادر

(阿拉伯式)長袍

لباس آببازی

泳衣

نیکر پاچه دار

男式泳褲

پتلون نصفه

短褲

لباس ورزشی

運動服

پیش بند

圍裙

دستکش

手套

دكمه

鈕扣

عینک

眼鏡

دستبند

手鏈

گردن بند

項鍊

انگشتر

戒指

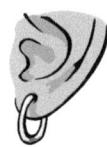

گوشواره

耳環

كلاه پيک دار

便帽

كوت بند

衣架

كلاه

帽子

نيكتايى

領帶

زیپ

拉鍊

كلاه مصون

安全帽

بند تنبان

背帶

يونيفورم مكتب

校服

يونيفورم

制服

پیش بند

圍兜

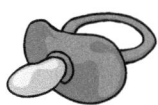

چوشک

安撫奶嘴

پمپر

尿布

دفتر

辦公室

سرور
伺服器
الماری اسناد
檔案櫃
کاغذ
紙
پرینتر
印表機
螢幕
ماوس
滑鼠
میز کار
فولدر
資料夾
کیبورد
鍵盤
سبد کاغذ باطله
廢紙簍
کمپیوتر
電腦
چوکی
椅子

گیلاس قهوه

咖啡杯

ماشین حساب

計算機

اینترنت

網際網路

لپ تاپ

筆記型電腦

نامه

信件

پیام

簡訊

موبایل

行動電話

شبکه

網路

ماشین فوتوکاپی

影印機

نرم افزار

軟體

تلیفون

電話

پلک

插座

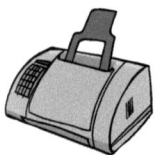

دستگاه فکس

傳真機

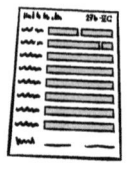

فورمه

表格

سند

檔案

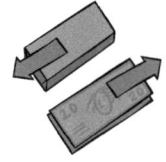

اقتصاد

經濟

خرید کردن

買

پرداختن

付錢

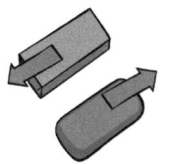

تجارت کردن

交易

پول

現金

USD

دالر

美元

EUR

یورو

歐元

JPY

ین

日元

RUB

روبل

盧布

CHF

فرانک سوئیس

瑞士法郎

CNY

یوان رنمینبی

人民幣

INR

روپیه

盧比

خودپرداز

提款處

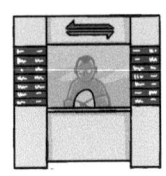

دفتر صرافى

外幣兌換處

طلا

金

نقره

銀

نفت

石油

انرژى

能源

قیمت

價格

قرارداد

合約

مالیات

稅金

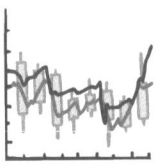

سهام

股票

کار کردن

工作

کارمند

職員

استخدام کننده

老闆

فابریکه

工廠

مغازه

商店

شغل ها

職業

افسر پولیس
警官
آتش نشان
消防員
آشپز
廚師
داکتر
醫師
پیلوت
飛行員

باغبان

園丁

نجار

木匠

خیاط

裁縫

قاضی

法官

کیمیا دان

化學家

بازیگر

演員

راننده بس

公車司機

راننده تکسی

計程車司機

ماهیگیر

漁夫

خدمه

清洗女工

سقف ساز

屋頂工

پیشخدمت

服務生

شکارچی

獵人

نقاش

畫家

نانوا

麵包師

برقی

電工

بنا

建築工人

انجنیر

工程師

قصاب

屠夫

نلدوان

水管工

پستچی

郵差

سرباز

士兵

معمار

建築師

صندوقدار

收銀員

گل فروش

花農

آرایشگر

理髮師

مامور تکت ریل

售票員

میخانیک

機械技師

کاپیتان

船長

داکتر دندان

牙醫

دانشمند

科學家

خاخام/ عالم یهودی

拉比

امام

伊瑪目

راهب

和尚

ملا

牧師

ابزار
工具

پلاس
鉗子
چکش
鐵錘
پیچ کش
螺絲起子
چراغ دستی
手電筒
رینچ
扳手

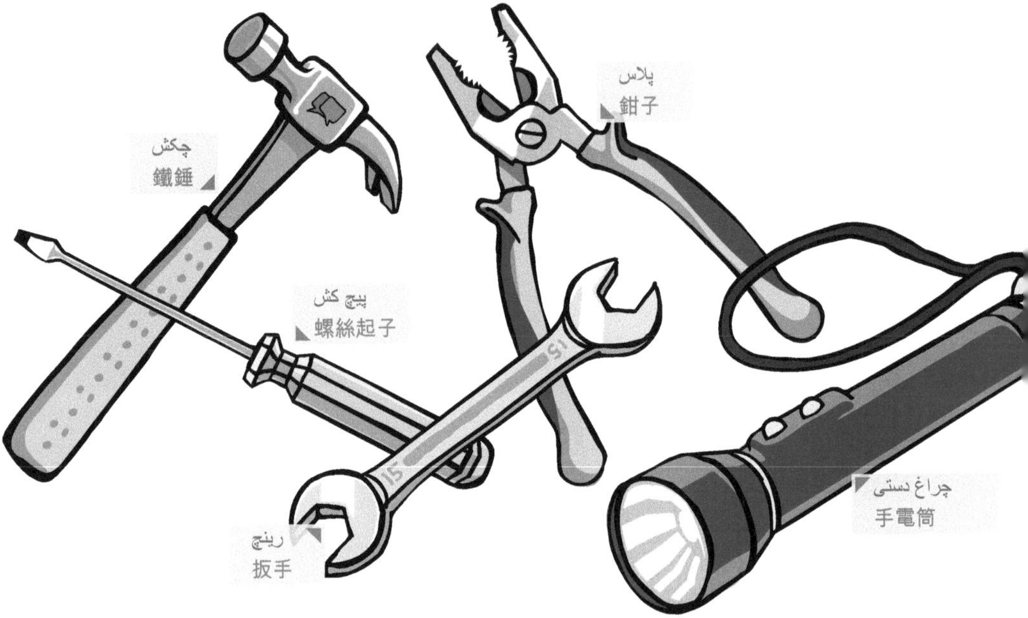

ماشین حفاری

挖掘機

جعبه ابزار

工具箱

زینه

梯子

اره

鋸子

میخ

釘子

برمه

鑽機

ترمیم کردن
....
修

بیل
....
鏟子

لعنتی!
....
糟糕！

خاکروبه
....
畚箕

سطل رنگ
....
油漆桶

پیچ
....
螺絲

آلات موسیقی
樂器

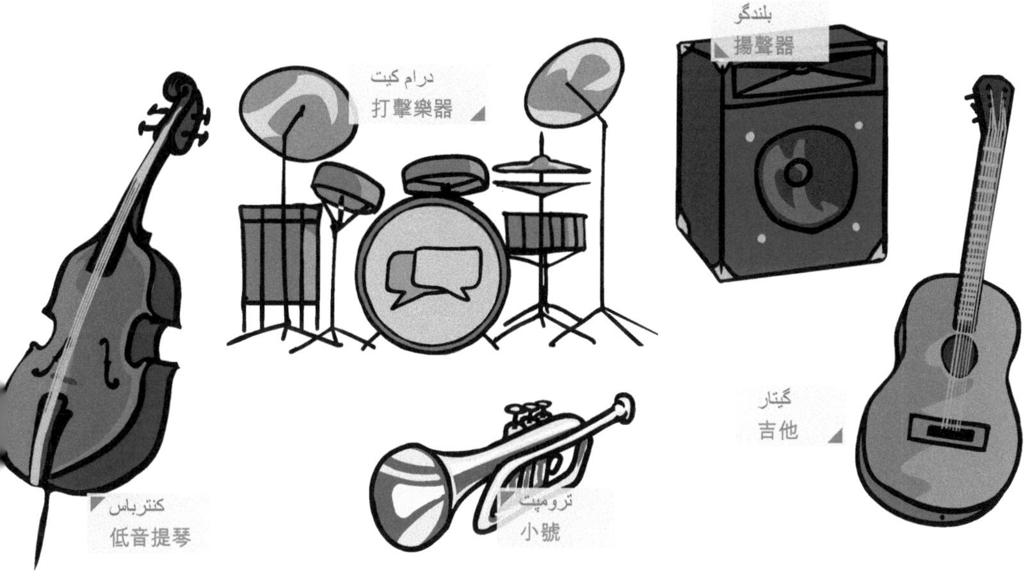

درام کیت
打擊樂器 ◄

بلندگو
揚聲器

کنترباس
低音提琴 ◄

ترومپت
小號

گیتار
吉他 ◄

پیانو
....
鋼琴

وایلن
....
小提琴

گیتار بیس
....
貝斯

دهل
....
定音鼓

دول
....
鼓

پیانوی برقی
....
電子琴

ساکسوفون
....
薩克斯風

توله
....
長笛

میکروفون
....
麥克風

آلات موسیقی - 樂器

باغ وحش

動物園

ببر
老虎
ورودی
入口
قفس
籠子
گوره خر
斑馬
غذای حیوانات
پاندا
熊貓

حیوانات

動物

فیل

大象

کانگورو

袋鼠

غژ گاو

犀牛

گوریلا

大猩猩

خرس

熊

شتر

駱駝

شترمرغ

鴕鳥

شیر

獅子

میمون

猴子

فلامینگو

紅鶴

طوطی

鸚鵡

خرس قطبی

北極熊

پنگوئن

企鵝

کوسه

鯊魚

طاووس

孔雀

مار

蛇

تمسا

鱷魚

نگهبان باغ وحش

動物園管理員

سگ آبی

海豹

پلنگ خالدار امریکایی

美洲豹

اسب کوچک

矮種馬

پلنگ

豹

اسب آبی

河馬

زرافه

長頸鹿

عقاب

老鷹

خوک وحشی

野豬

ماهی

魚

سنگ پشت

龜

شیر دریایی

海象

روباه

狐狸

غزال

羚羊

ورزش ها

體育

فوتبال امریکایی
橄欖球
بایسکل سواری
騎腳踏車
تنیس
網球
باسکتبال
籃球
آب بازی
游泳
هاکی روی یخ
冰球
بوکس
拳擊

فوتبال

美式足球

بدمینتون

羽毛球

ورزشکاری

田徑

هندبال

手球

اسکی

滑雪

پولو

馬球

فعالیت ها
活動

خیز زدن
跳
بغل کردن
擁抱
خندیدن
笑
راه رفتن
走路
خواندن
唱
خواب دیدن
做夢
دعا کردن
祈禱
بوسیدن
親吻

نوشتن
書寫

کشیدن
畫

نشان دادن
展示

تیله کردن
推

دادن
給

گرفتن
拿

داشتن
有

انجام دادن
做

بودن
當

ایستادن
站

دویدن
跑

کش کردن
拉

پرتاب کردن
丟

افتادن
摔倒

دروغ گفتن
躺

صبر کردن
等待

حمل کردن
攜帶

نشستن
坐

لباس پوشیدن
穿衣

خوابیدن
睡覺

بیدار شدن
醒來

نگاه کردن

看

گریه کردن

哭

ضربه زدن

擊

شانه کردن

梳頭

صحبت کردن

交談

فهمیدن

明白

پرسیدن

問

گوش دادن

聽

نوشیدن

喝

خوردن

吃

مرتب کردن

清理

عشق ورزیدن

愛

پختن

做飯

راننده گی کردن

開車

پرواز کردن

飛

روی آب حرکت کردن

航行

حساب کردن

計算

خواندن

讀

یاد گرفتن

學習

کار کردن

工作

ازدواج کردن

結婚

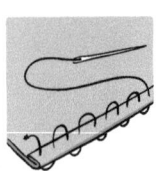

دوختن

縫

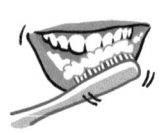

برس کردن دندان ها

刷牙

کشتن

殺

سگریت کشیدن

抽菸

فرستادن

寄

فامیل
家

مادرکلان
祖母
پدرکلان
祖父
پدر
父親
مادر
母親
نوزاد
嬰兒
دختر
女兒
پسر
兒子

مهمان

客人

عمه / خاله

阿姨

ماما/کاکا

叔叔

برادر

兄弟

خواهر

姐妹

بدن

身體

پیشانی
前額
چشم
眼睛
روی
臉
زنخ
下巴
انگشت
手指
دست
手
سینه
乳房
بازو
手臂
شانه
肩膀
پا
腿

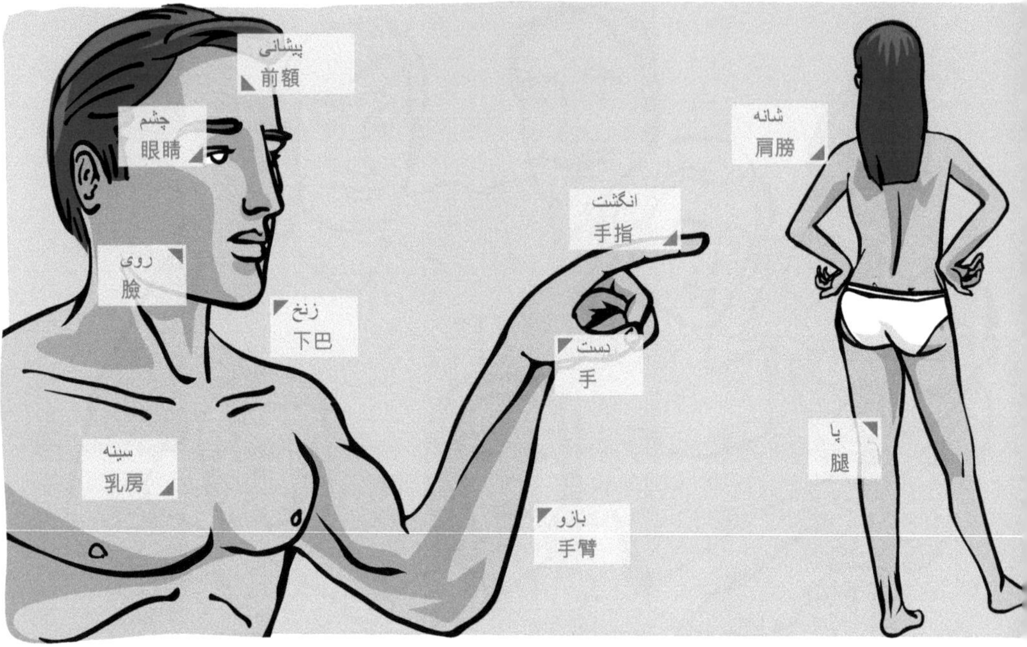

نوزاد

嬰兒

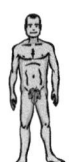

مرد

男人

زن

女人

دختر

女孩

پسر

男孩

سر

頭

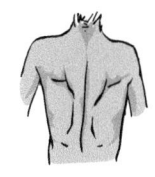

كمر

背部

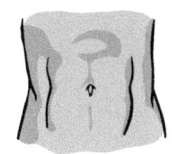

شكم

肚子

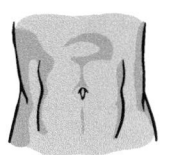

ناف

肚臍

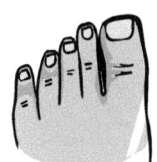

انگشت پا

腳趾

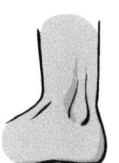

كورى پاى

腳後跟

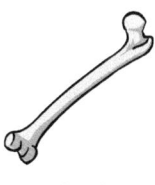

استخوان

骨頭

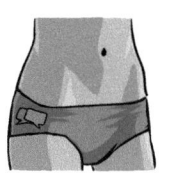

كمر

臀部

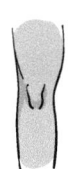

زانو

膝蓋

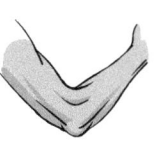

آرنج

手肘

بينى

鼻子

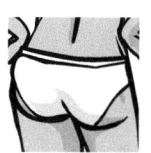

سرين

屁股

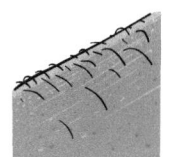

پوست

皮膚

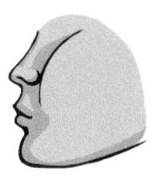

كومه

臉頰

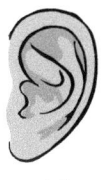

گوش

耳朵

لب

嘴唇

دهان
嘴

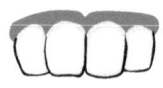

دندان
牙齒

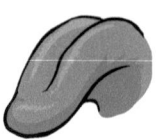

زبان
舌頭

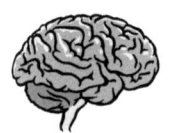

مغز
腦

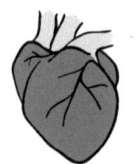

قلب
心臟

عضله
肌肉

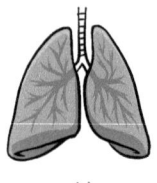

شش
肺

جگر
肝臟

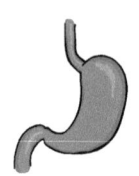

معده
胃

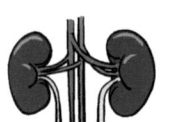

گرده
腎臟

رابطه جنسی
性交

كاندوم
保險套

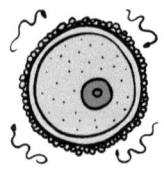

تخمه
卵子

آب منی
精子

حاملگی
懷孕

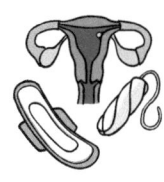

قاعده گی

月事

مجرای تناسلی زن

陰道

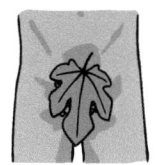

آلت تناسلی مرد

陰莖

ابرو

眉毛

مو

頭髮

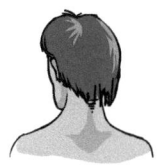

گردن

脖子

شفاخانه
醫院

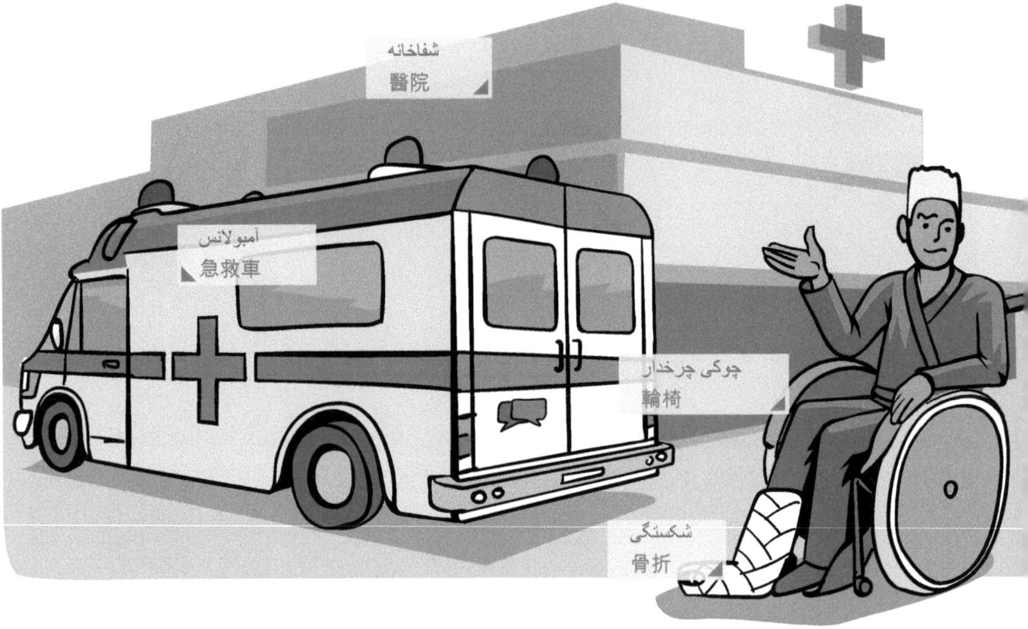

آمبولانس
急救車
چوکی چرخدار
輪椅
شکستگی
骨折

داکتر

醫師

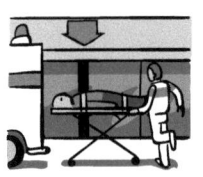

اطاق عاجل

急診室

نرس

護理師

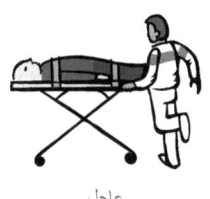

عاجل

緊急情形

بیهوش

昏迷

درد

痛

جراحت

受傷

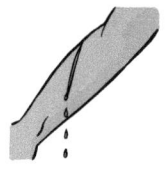

خونریزی

出血

حمله قلبی

心臟病發作

سکته مغزی

中風

حساسیت

過敏

سرفه

咳嗽

تب

發燒

انفلوانزا

流感

اسهال

腹瀉

سردرد

頭痛

سرطان

癌症

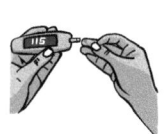

شکر

糖尿病

جراح

外科醫師

چاقوی جراحی

手術刀

عملیات

手術

سی تی

電腦斷層掃描

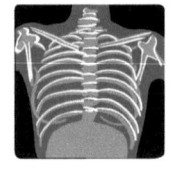

ایکسری

X光

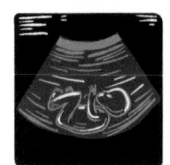

سونوگرافی

超音波

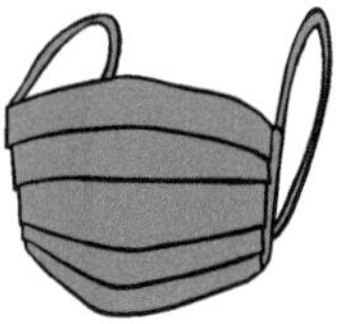

ماسک روی

口罩

مریضی

疾病

اطاق انتظار

候診室

عصا

拐杖

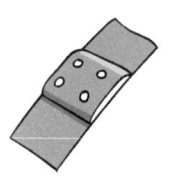

گچ

石膏

پانسمان

繃帶

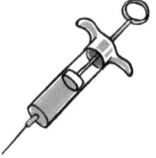

تزریق

注射

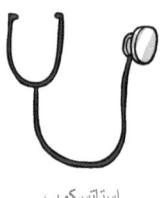

استاتسکوپ

聽診器

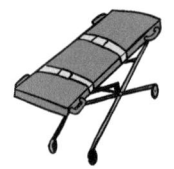

تذکره

擔架

ترمامیتر کلینیکی

體溫計

تولد

出生

اضافه وزن

超重

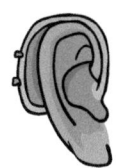

سمعک
助聽器

ضدعفونی کننده
消毒液

عفونت
感染

وایروس
病毒

اچ آی وی / ایدز
愛滋病

ادویه
藥物

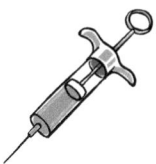

واکسیناسیون
接種疫苗

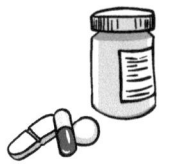

تابلیت ها
藥片

تابلیت
藥丸

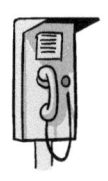

تماس اضطراری
急救電話

مانیتور فشار خون
血壓計

بیمار / سالم
生病/健康

عاجل

緊急情形

کمک!

救命！

زنگ هشدار

警報

تجاوز

突擊

حمله

攻擊

خطر

危險

خروج اضطراری

緊急出口

آتش!

失火了！

آله ضد حریق

滅火器

حادثه

意外

بکسه کمک های اولیه

急救箱

پیام اضطراری

呼救訊號

پولیس

員警

زمین
地球

اروپا
歐洲

امریکای شمالی
北美洲

امریکای جنوبی
南美洲

آفریقا
非洲

آسیا
亞洲

استرالیا
澳洲

اقیانوس اطلس
大西洋

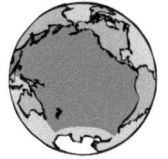

اقیانوس آرام
太平洋

اقیانوس هند
印度洋

اقیانوس منجمد جنوبی
南冰洋

اقیانوس منجمد شمالی
北冰洋

قطب شمال
北極

قطب جنوب

南極

قاره قطب جنوب

南極洲

زمین

地球

خشکی

陸地

دریا

海

جزیره

島

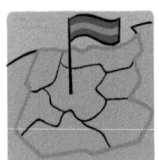

ملت

國家

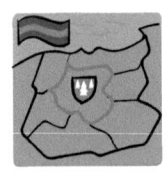

کشور

州

ساعت

鐘錶

روی ساعت

錶盤

عقربه ساعت شمار

時針

عقربه دقیقه شمار

分針

عقربه ثانیه شمار

秒針

ساعت چند است؟

現在幾點？

روز

天

زمان

時間

اکنون

現在

ساعت دستی دیجیتل

電子錶

دقیقه

分

ساعت

時

دوشنبه
週一

چهارشنبه
週三

جمعه
週五

سه‌شنبه
週二

پنجشنبه
週四

شنبه
週六

یکشنبه
週日

دیروز
昨天

امروز
今天

فردا
明天

صبح
早晨

ظهر
中午

غروب
晚上

روزهای کاری
工作日

آخر هفته
週末

سال
年

رنگین کمان
彩虹
باران
雨
برف
雪
شمال
風
بهار
春
خزان
秋
تابستان
夏
زمستان
冬

پیش بینی آب و هوا

天氣預告

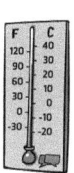

ترمامیتر

溫度計

آفتاب

陽光

ابر

雲

غبار

霧

رطوبت

潮濕

رعد و برق
閃電

الماسک
打雷

طوفان
風暴

ژاله
冰雹

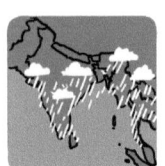

موسم بارندگی
季風

سیل
洪水

یخ
冰

جنوری
一月

فبروری
二月

مارچ
三月

اپریل
四月

می
五月

جون
六月

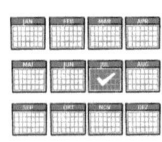

جولای
七月

اگست
八月

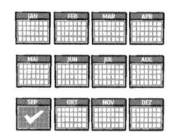

سپتمبر
....
九月

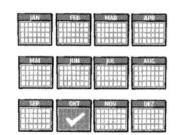

اکتوبر
....
十月

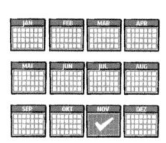

نومبر
....
十一月

دسمبر
....
十二月

شکل ها

形狀

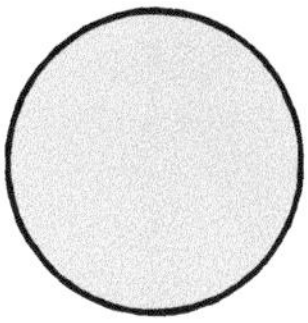

دایره
....
圓形

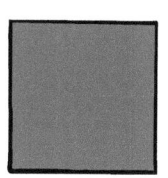

مربع
....
正方形

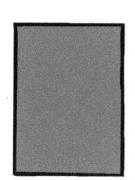

مستطیل
....
長方形

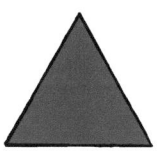

مثلث
....
三角形

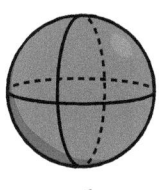

کره
....
球體

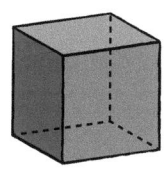

مکعب
....
立方體

رنگ ها

顏色

سفید

白

زرد

黃

نارنجی

橙

گلابی

粉

سرخ

紅

بنفش

紫

آبی

藍

سبز

綠

نصواری/قهوه یی

棕

خاکستری

灰

سیاه

黑

متضاد ها

反義詞

زیاد / کم

很多/少許

عصبانی / آرام

生氣/平靜

مقبول / بدرنگ

美/醜

آغاز / پایان

首/尾

بزرگ / کوچک

大/小

روشن / تیره

明/暗

برادر / خواهر

兄弟/姐妹

پاک / کثیف

乾淨/骯髒

کامل / ناقص

完整/缺失

روز / شب

白天/晚上

مرده / زنده

死/生

عریض / باریک

寬/窄

خوراکی / غیر خوراکی

可食用/非食用

عصبانی / دوستانه

邪惡/善良

هیجان زده / کسل

興奮/無聊

چاق / لاغر

胖/瘦

اول / آخر

第一/最後

دوست / دشمن

朋友/敵人

پر / خالی

滿/空

سخت / نرم

硬/軟

سنگین / سبک

重/輕

گرسنگی / تشنگی

餓/渴

بیمار / سالم

生病/健康

غیر قانونی / قانونی

非法/合法

باهوش / احمق

聰明/愚笨

چپ / راست

左/右

نزدیک / دور

近/遠

نو / کهنه

新/舊

هیچ چیز / چیزی

沒有/有些

پیر / جوان

老/幼

روشن / خاموش

開/關

باز / بسته

打開/闔上

بی صدا / پر سر و صدا

安靜/吵鬧

ثروتمند / فقیر

富/窮

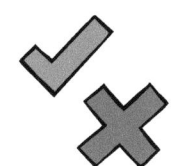

صحیح / غلط

對/錯

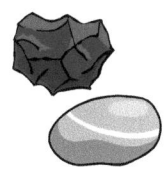

ناهموار/ هموار

粗糙/光滑

غمگین / خوشحال

傷心/高興

کوتاه / بلند

短/長

آهسته / سریع

慢/快

تر / خشک

濕/乾

گرم / سرد

溫暖/涼爽

جنگ / صلح

戰爭/和平

اعداد

數字

0	1	2
صفر	یک	دو
零	一	二
3	4	5
سه	چهار	پنج
三	四	五
6	7	8
شش	هفت	هشت
六	七	八
9	10	11
نه	ده	یازده
九	十	十一

12
دوازده
十二

13
سیزده
十三

14
چهارده
十四

15
پانزده
十五

16
شانزده
十六

17
هفده
十七

18
هجده
十八

19
نوزده
十九

20
بیست
二十

100
صد
百

1.000
هزار
千

1.000.000
میلیون
百萬

زبان ها
語言

انگلیسی

英語

انگلیسی امریکایی

美式英語

چینی ماندارین

普通話

هندی

印地語

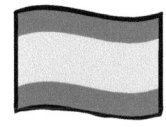

اسپانیایی

西班牙語

فرانسوی

法語

عربی

阿拉伯語

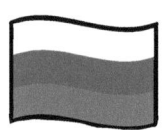

روسی

俄語

پرتغالی

葡萄牙語

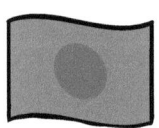

بنگالی

孟加拉語

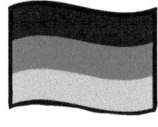

آلمانی

德語

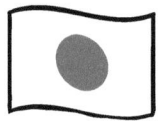

جاپانی

日語

کی/چی/چطور
誰/什麼/如何

من

我

شما

你

او / او / آن

他/她/它

ما

我們

شما

你們

آن ها

他們

کی؟

誰？

چی؟

什麼？

چطور؟

如何？

کجا؟

何處？

چه وقت؟

何時？

اسم

名字

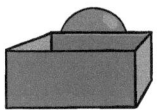

کجا
方位

عقب

後面

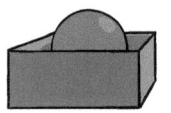

در

裡面

پیش روی

前面

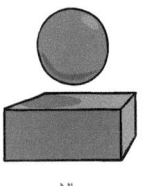

بالا

上方

روی

上面

زیر

下麵

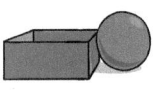

پهلو

旁邊

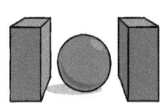

میان

中間

محل

地點